图说非遗系列

寒水先生 / 著
大丁 / 绘

图书在版编目（CIP）数据

弓箭 / 寒水先生著 ； 大丁绘. — 深圳 ： 海天出版社，2020.7
（图说非遗系列）
ISBN 978-7-5507-2876-9

Ⅰ. ①弓… Ⅱ. ①寒… ②大… Ⅲ. ①中国式射箭－儿童读物 Ⅳ. ①G852.9-49

中国版本图书馆CIP数据核字(2020)第046615号

弓箭

GONG JIAN

出 品 人 聂雄前　　责任编辑 南 芳
责任校对 叶 果　　责任技编 郑 欢
装帧设计 知行格致　　顾问机构 深圳市射箭协会

出版发行 海天出版社
地　　址 深圳市彩田南路海天综合大厦 （518033）
网　　址 www.htph.com.cn
订购电话 0755-83460239（邮购、团购）
设计制作 深圳市知行格致文化传播有限公司 Tel：0755-83464427
印　　刷 中华商务联合印刷（广东）有限公司
开　　本 787mm×1092mm 1/16
印　　张 3
字　　数 30千
版　　次 2020年7月第1版
印　　次 2020年7月第1次
印　　数 1—4000册
定　　价 35.00元

序

怎样把看似古旧的『非遗文化』鲜活地展现给孩子们呢？本系列丛书就是一座神奇的桥梁。

诙谐的漫画，恰到好处的幽默，使传承了千年的『老古董』跃然纸上。虽然是面向孩子的图书，但绘画者在细节刻画上仍一丝不苟，对制作工具的描画力求还原其本来的样貌，让这些可能爷爷辈才见过的物件生动地呈现在孩子面前。

这套书的文字也充满惊喜，不仅介绍了各类工艺的基本知识，还将老手艺背后的典故一一点出，让孩子能『知其然，知其所以然』。与其他少儿图书相比，这套书在说故事的时候体现出了罕见的严谨，给生僻字注音、对专有名词进行解释、附上参考古文，这些使得『追根溯源』不是停留在口头上，而是落到了实处。

中国山水画讲究留白，本书中部分漫画可以自己填色，这也算是一种留白吧！家长可以和孩子一起动手，也可以任由孩子天马行空。相信这是个双赢的尝试，让孩子的眼、耳、手同时发挥作用，既使读书变得更有趣，又使孩子对传统工艺的印象更加立体，也给传统工艺的发展种下了希望的种子。

手艺网、手艺工场创始人，中华手工杂志总编辑

白昆鹏

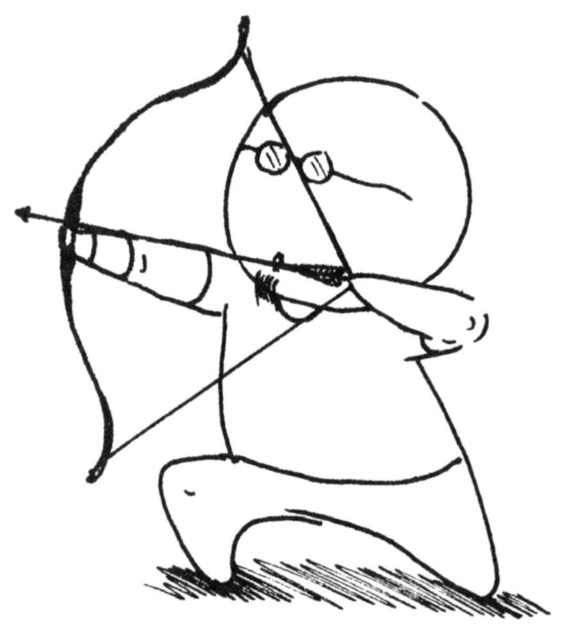

目录

第壹章 总述

弓和箭 02
历史 03
发展 05

第贰章 射艺

蒙古式射法 08
地中海式射法 11
射程 12
瞄准 13

第叁章 分类

传统弓 16
英式长弓 17
美式猎弓 18
和弓 19
光弓 20
竞技反曲弓 21
复合弓 22

第肆章 器材

弓 24
箭 25
箭靶 29
护具 32

第伍章 典故

和张仆射塞下曲·其二 34
前出塞九首·其六 35
纪昌学射 36
辕门射戟 37
草船借箭 38
杯弓蛇影 39
百步穿杨 40
一箭双雕 弓折刀尽 41

第壹章 总述

大家好，我是寒水先生，下面将由我为大家介绍一些与弓箭有关的基础知识。

中华文化悠悠数千载，出现过的弓箭形制不知凡几，有关弓箭的著作也不胜枚举。我们今天来聊聊关于弓箭大家最想知道的一些问题。

dàn

古人说到弓的区别，主要在于拉力，拉力越大，箭射得越远。一般弓的拉力在一石以上的就是强弓。『石』在这里是重量单位。据汉书·律历志记载：『三十斤为钧，四钧为石。』后世各个朝代『石』的重量有所不同。

弓是最古老的弹射武器之一，它由富有弹性的弧形弓身和柔韧的弓弦构成，借弓弦和弓身的弹力把箭或弹丸射出。

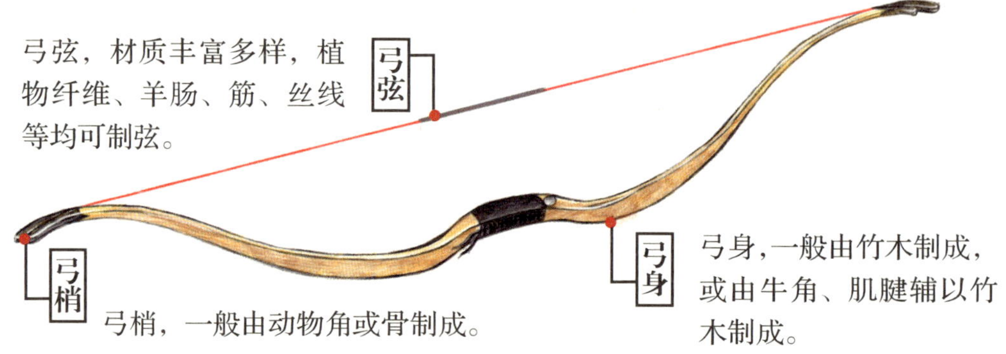

箭，又名矢，是一种借助弓、弩发射的远程兵器，由箭头、箭杆、箭羽三部分组成。一般弓用的箭较长，弩用的箭较短。

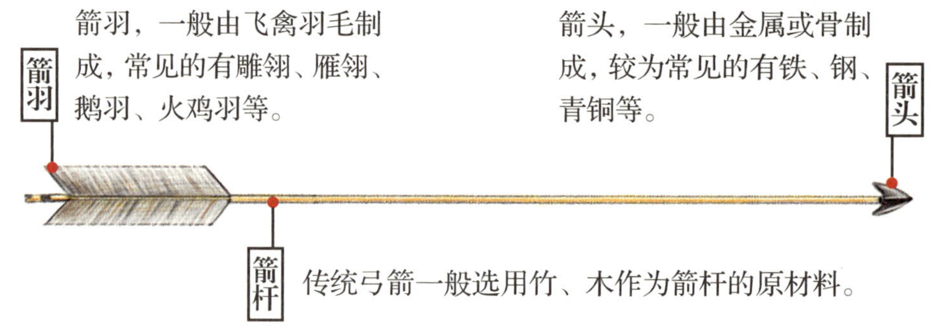

弓箭作为一种远射兵器，在春秋战国时期应用较为普遍，被列为兵器之首。

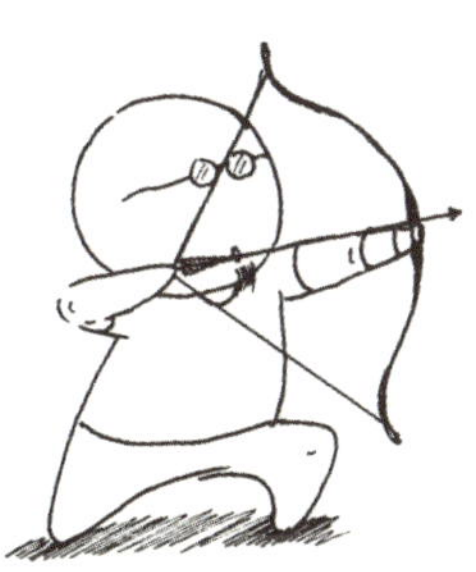

据《周礼·地官·大司徒》记载："六艺：礼、乐、射、御、书、数。""射"作为古代公卿大夫必须通晓的"六艺"之一，不仅在国君会盟、宴会上频频登场，在民间也十分普及。

射礼后来演变为一种风俗：生了男孩的人家会在自家门上挂上一张弓，祈愿男孩长大后英勇善战。

弓箭的历史最早可以追溯到旧石器时代，经过万余年的发展演变，其形制逐步由直拉弓发展到现代的反曲弓、复合弓；材质由单一的竹、木发展到现代的复合材质；用途也在原始的狩猎、军事功能上演变出竞技、表演等用途。

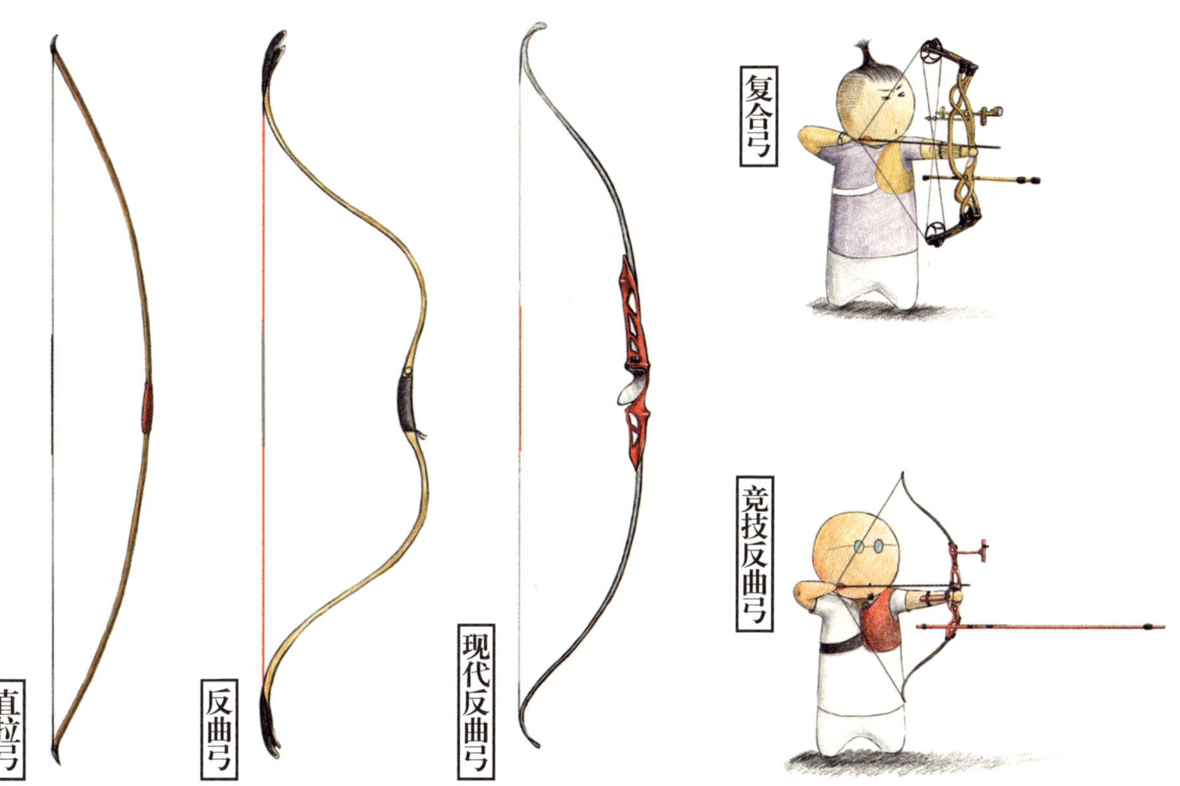

火药武器出现以前，弓箭一直是人类不可或缺的狩猎工具和战争武器；火药武器出现以后，弓箭与其平行发展了上百年，才最终被取代。

第贰章

射艺

传统弓的开弓射箭方式主要有两种，分别是使用拇指勾弦的蒙古式射法（又称拇指射法）和使用食指、中指、无名指勾弦的地中海式射法（又称三指射法）。

弓箭

弓箭的使用范围遍及全球，但是东西方的开弓射箭方式并不相同。东方普遍使用单指勾弦的射箭方法，即蒙古式射法。西方使用传统的三指勾弦的射箭方法，即地中海式射法。蒙古式射法通过蒙古军队西征被带到西方。

蒙古式射法

五平三靠是其宗：两肩、两肘、天庭，俱要平正，此之谓『五平』；翎花靠嘴、弓弦靠身、右耳听弦，此之谓『三靠』。凤眼：指拇指勾弦、食指搭于拇指之上，其形似凤眼。

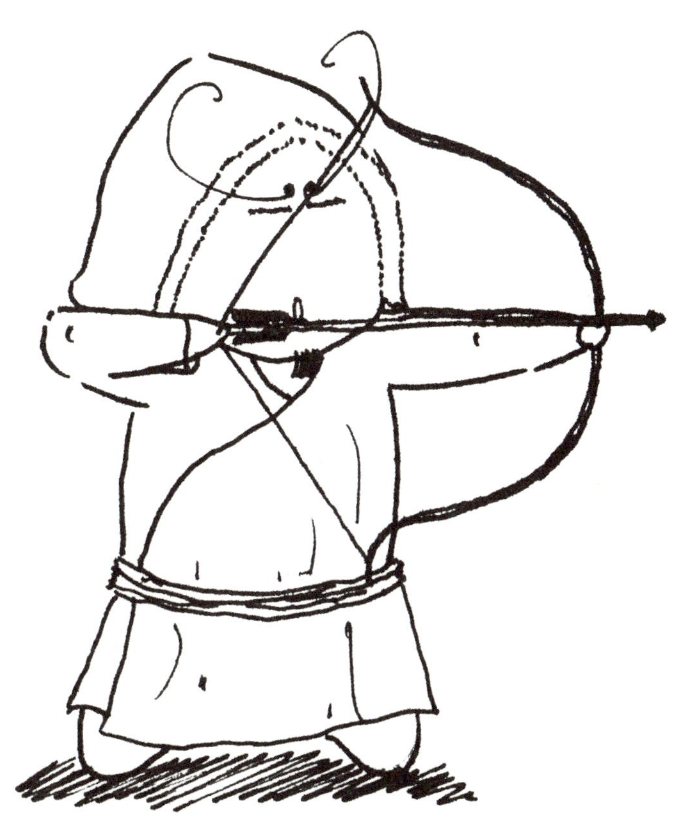

蒙古式射法动作要点：

“射贵形端志正，宽裆下气舒胸”——站直、舒展。

“五平三靠是其宗，立足千斤之重”——靠位、站稳。

“开要安详大雅，放须停顿从容”——对称、稳定。

“后拳凤眼最宜丰，稳满方能得中”——勾弦、拉弓。

——《镜花缘》

蒙古式射法开弓方式
（以左手持弓右手持箭为例）

搭箭：将弓弦中段卡入箭尾的卡槽中，箭头置于弓把右侧，箭身搭在左手拇指上。

开弓：右手拇指在箭尾下方勾弦，食指搭在拇指上方；左手向前推弓，右手拇指勾弦向后开弓。

射箭：瞄准完毕后，松开右手拇指、食指发射。

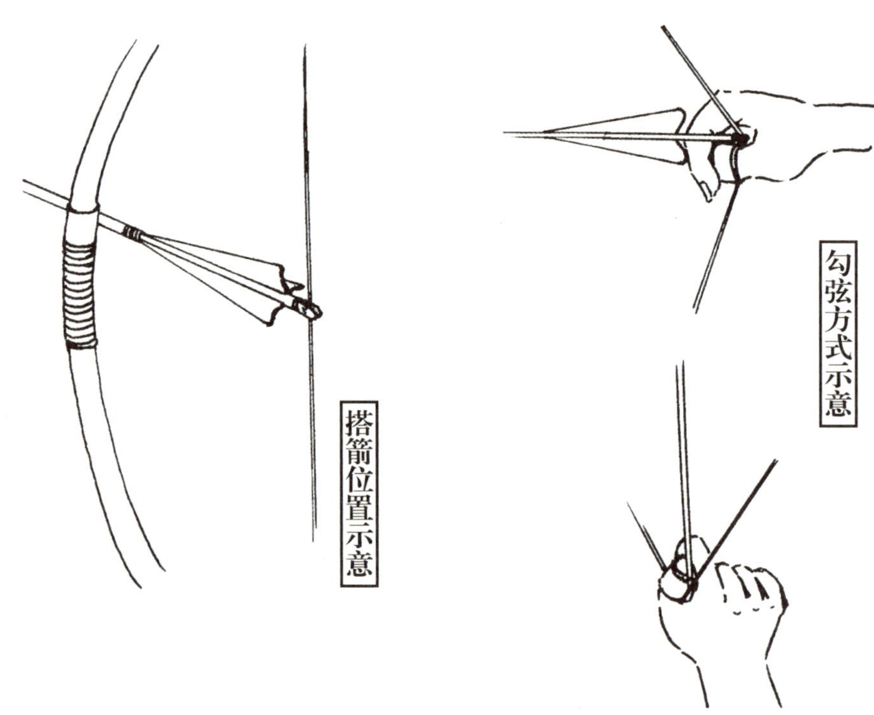
搭箭位置示意
勾弦方式示意

地中海式射法开弓方式
（以左手持弓右手持箭为例）

搭箭：将弓弦中段卡入箭尾的卡槽中，箭头置于弓把左侧，箭身搭在左手食指上。

开弓：右手食指、中指、无名指勾弦，箭尾在食指与中指之间；左手向前推弓，右手三指勾弦向后开弓。

射箭：瞄准完毕后，松开右手三指发射。

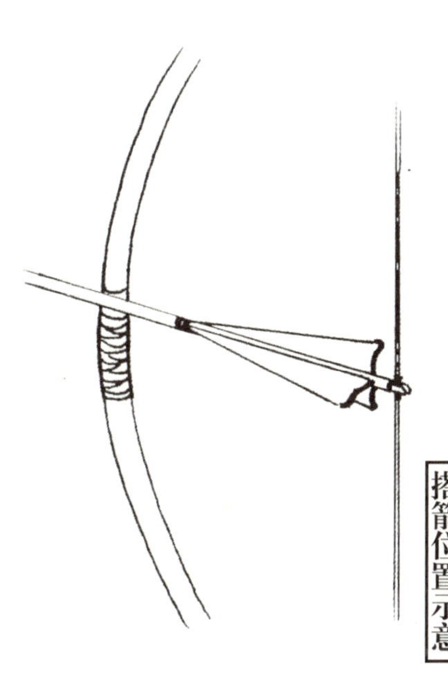

搭箭位置示意

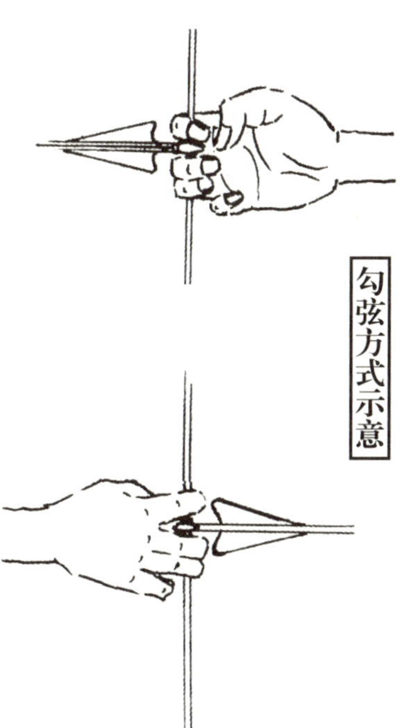

勾弦方式示意

射程

弓箭的射程取决于弓的蓄能、效率和箭的重量等内在因素，同时也受制于风向等外在因素。箭离弦后，在向前飞行的同时受重力影响而下坠，其飞行轨迹是一条抛物线。因此，当向远处射箭时，需要仰角发射。

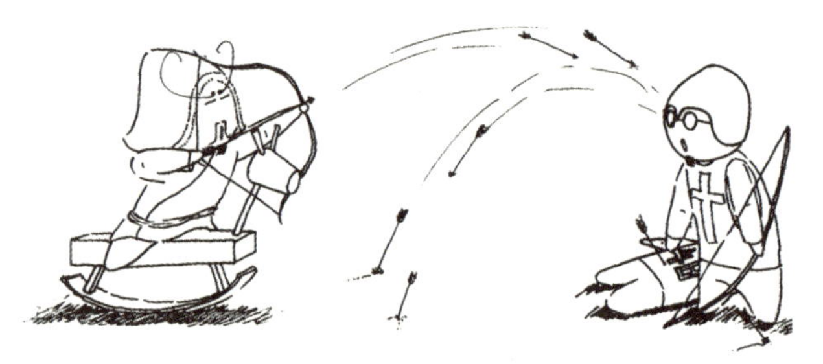

当年，蒙古轻骑兵使用的用木材、牛角和肌腱等材料制成的反曲弓的性能比当时欧洲用榆木或紫杉木制成的英国长弓的性能更优越、射程更远。

使用无瞄准器的弓箭进行近距离射击时，有一个常见的误区，就是用箭头与目标在视线中重合的位置来进行瞄准。由于眼睛的位置高于箭尾所在的位置，当视线、箭头、目标在一条直线上时，箭的飞行方向向上，因此往往因为误差导致箭的落点会高于目标。

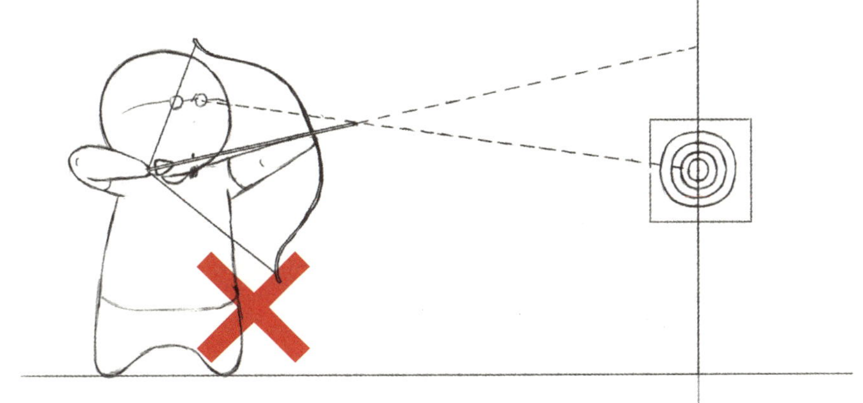

正确的瞄准方法之一：差距法。使视线、箭头与目标下方某一点重合，观察箭的落点。经过重复测试，找到箭的落点与目标重合的点，我们称之为“瞄点”。

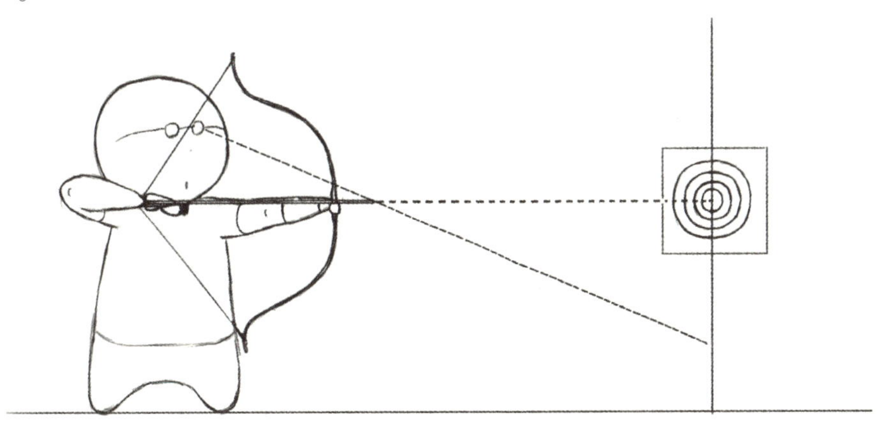

在进行远距离射击时，如果箭是以与地面平行的角度射出，那么在飞至目标的时候，箭的落点已经低于发射点。因此，进行远距离射击时，需要仰角发射。

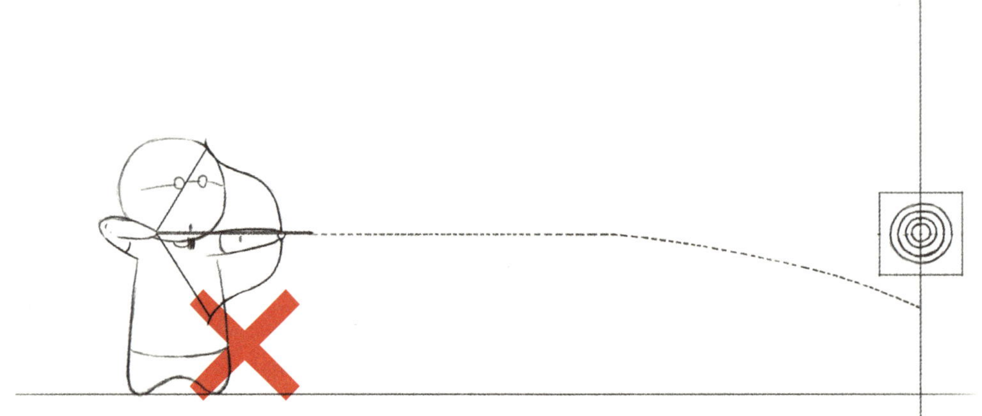

当人与目标达到一定距离时，瞄点与目标重合，可以直接用箭头对准目标进行瞄准。这个距离我们称之为“归零距离”。归零距离的远近受到多重因素影响，数值并不固定，因人而异。

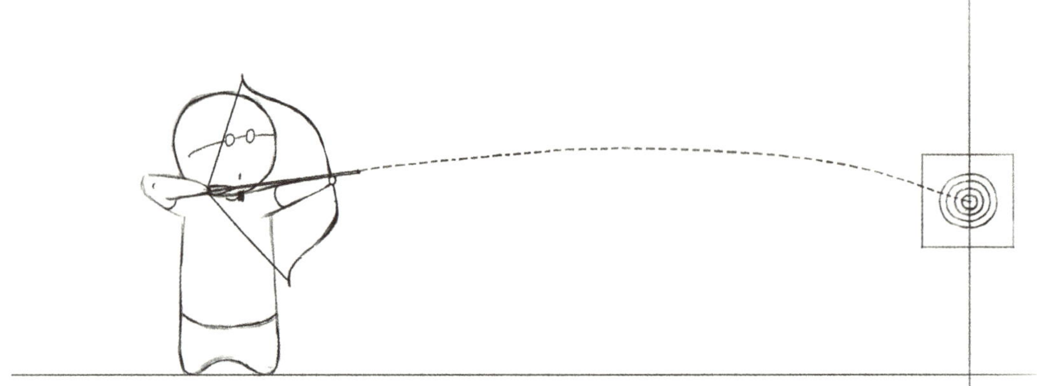

第叁章

分类

弓箭根据款式、射法、材质等有不同的分类，本章为大家介绍几种经典的弓箭。

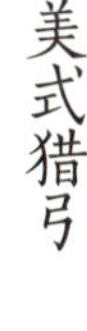

和弓

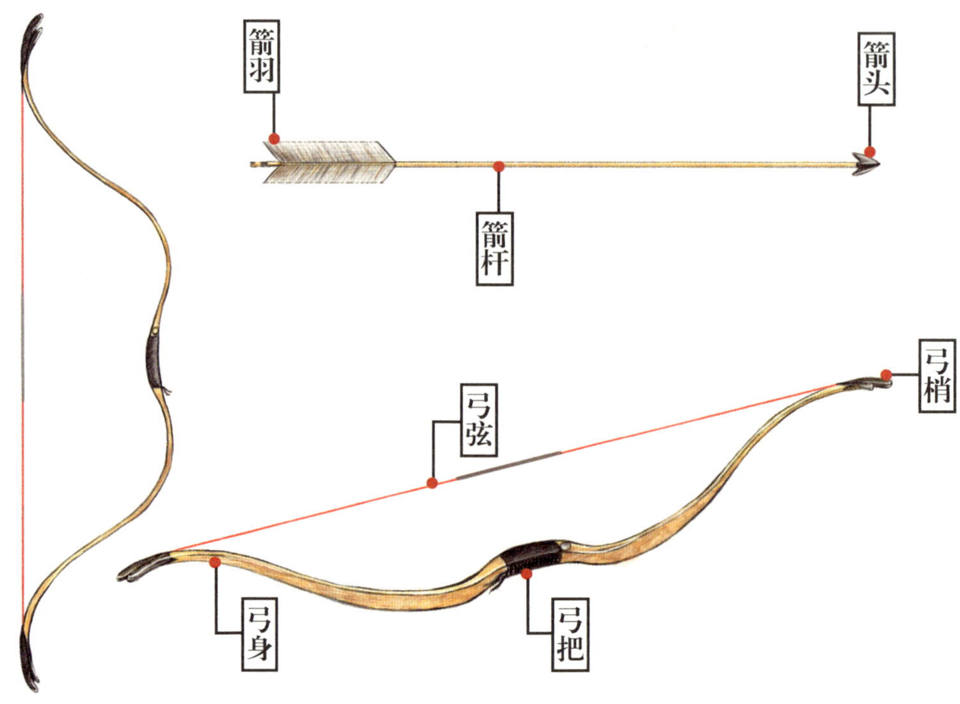

常见的传统弓一般为竹、木结构的层压弓和由筋角及竹木材料制成的筋角弓。箭杆一般为竹、木材质，配以金属箭头和飞禽羽毛所制的箭羽。使用传统弓时一般采用蒙古式射法，使用者须佩戴扳指用于勾弦。

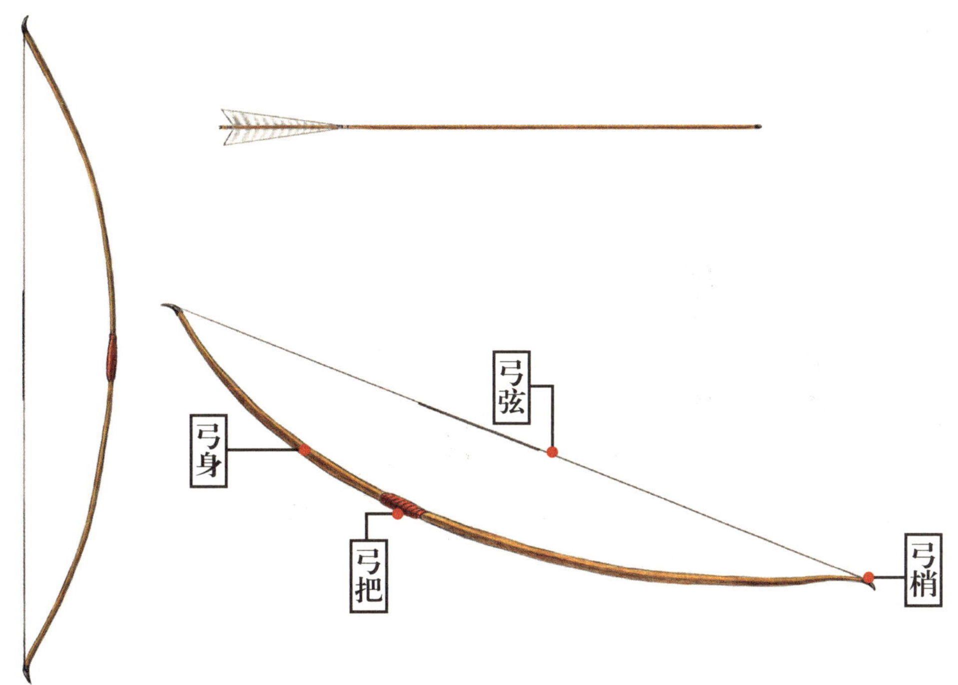

英式长弓的弓身一般由整根木材制成，制弓的木材主要有榆木、榛木、罗勒木和紫杉木。箭杆一般为木质，配以金属箭头和飞禽羽毛所制的箭羽。英式长弓的重量较重，通常使用重箭，在战场上用于远距离射击披甲目标。

zhēn
榛

lè
勒

美式猎弓

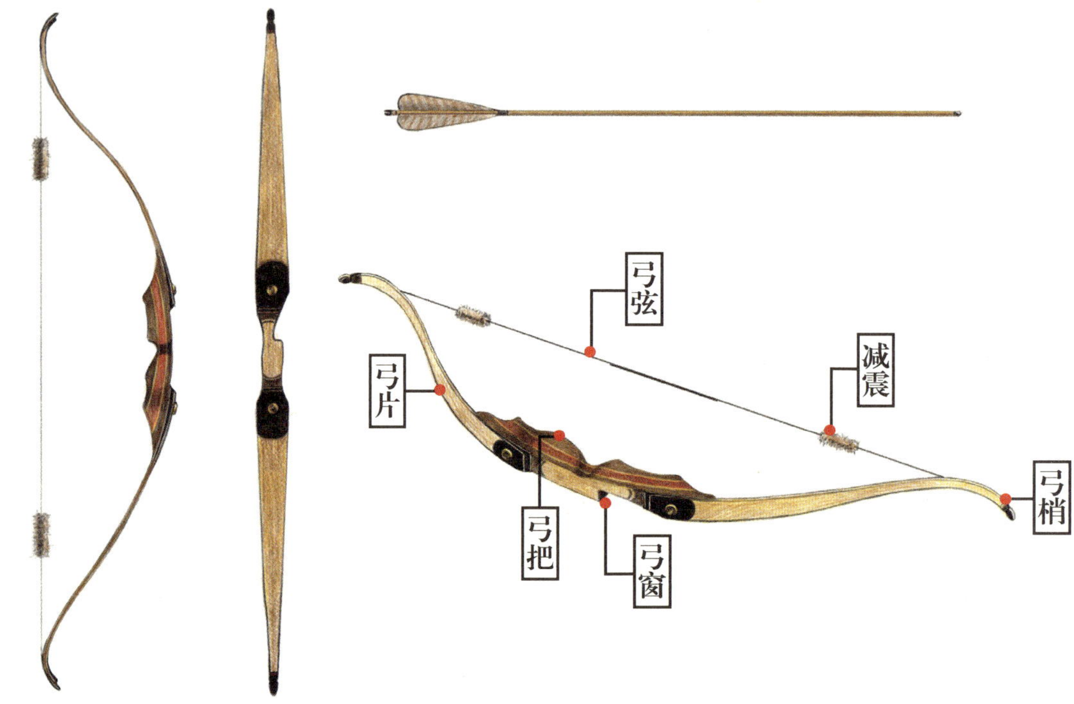

美式猎弓的弓把既有金属材质，也有木头材质；弓身一般为竹、木等传统材质或碳纤维、树脂等现代材质。箭杆既有传统的竹、木材质，也有碳纤维、航空铝等现代材质。

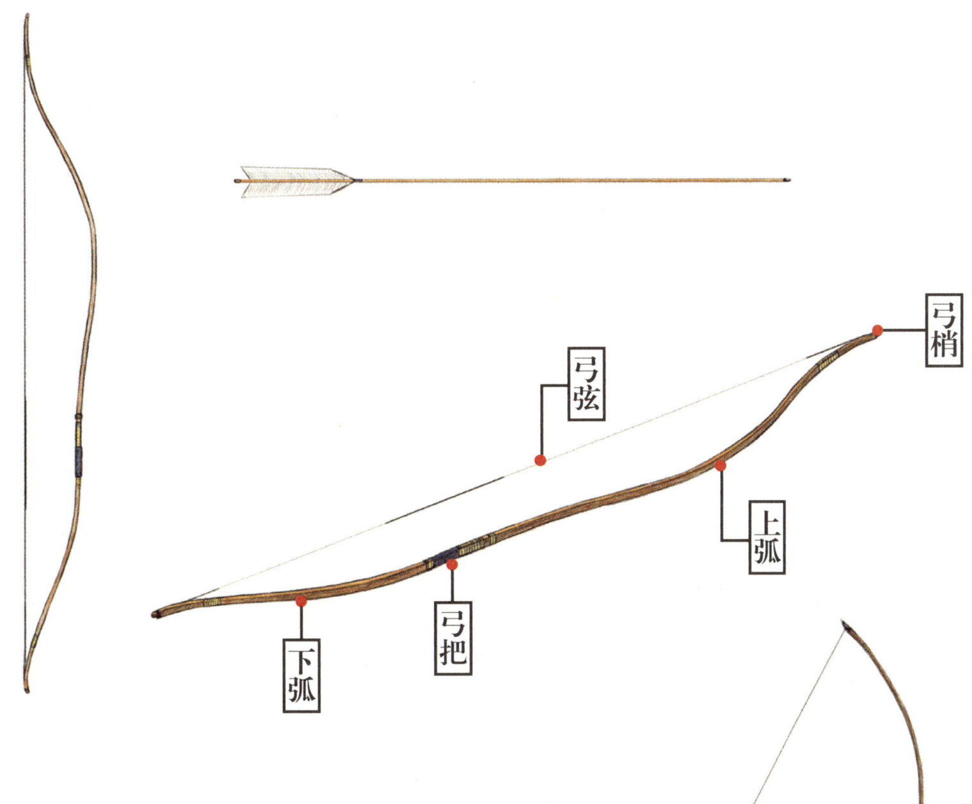

和弓是日本弓道所使用的一种长弓。标准的和弓长 2.2 米，使用者执弓的位置主要是弓的下弧部分，长度比例约为全弓的三分之一。和弓原本是由竹与木再以鳔（胶原料的一种）制作而成，但现在制弓多使用玻璃纤维强化塑胶。箭杆一般为竹、木材质，配以金属箭头和飞禽羽毛所制的箭羽。

biào

光弓

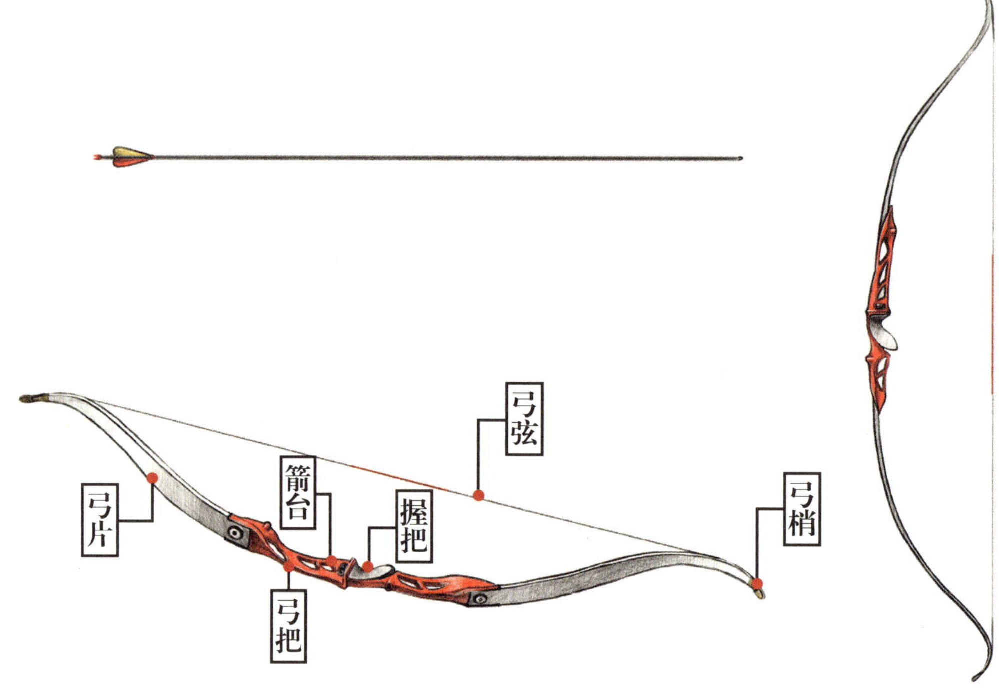

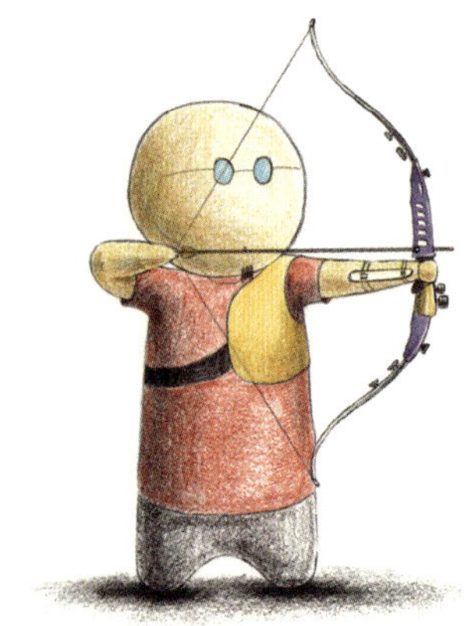

广义上的光弓泛指没有辅助瞄准器的弓种，狭义上的光弓一般指没有辅助瞄准器和平衡杆的竞技反曲弓。弓身一般为金属材质，弓背一般为竹、木、碳纤维等材质。箭杆一般为碳纤维或铝材质，箭羽一般为飞禽羽毛或塑胶等材质。

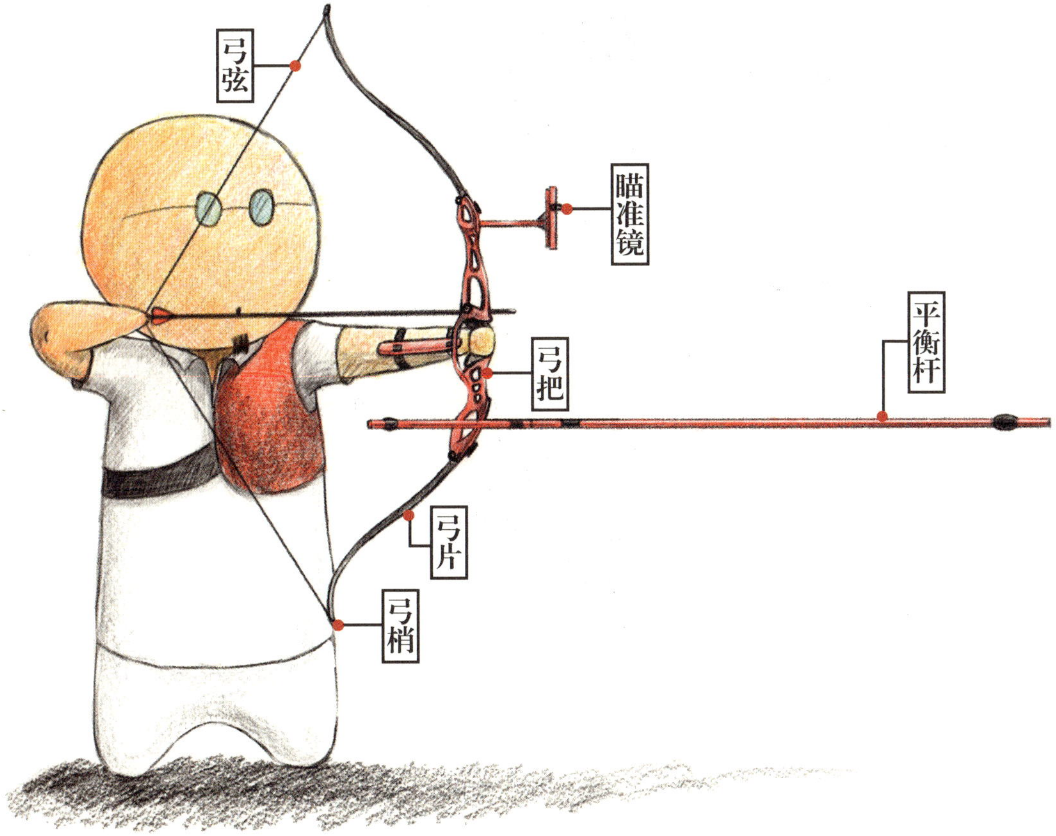

竞技反曲弓是奥运会比赛项目用弓。借助平衡杆、瞄准器、侧垫、响片等辅助器材提升射击准度。弓身一般为金属材质，弓背一般为竹、木、碳纤维等材质。箭杆一般为碳纤维或铝材质，箭羽一般为飞禽羽毛或塑胶等材质。

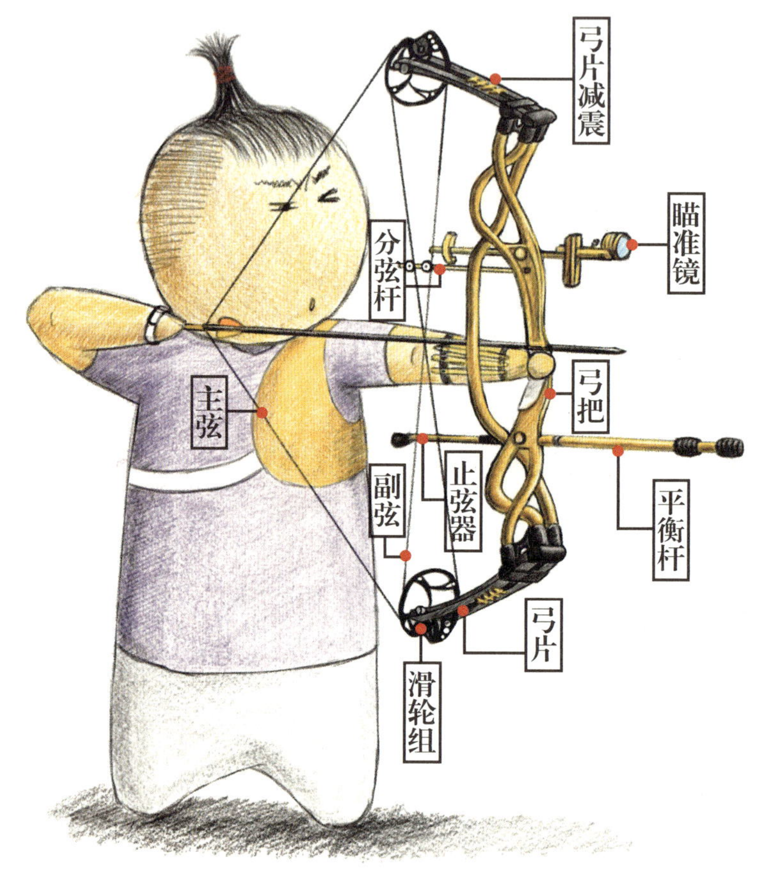

复合弓通过运用滑轮组来达到省力的效果，从而可以让使用者进行更长时间的瞄准或拉开更高磅数的弓。射准比赛中的复合弓可以使用平衡杆、瞄准器、撒放器等辅助器材提升射击精度。弓身一般为金属或碳纤维。箭杆一般为碳纤维或铝材质，箭羽一般为塑胶等材质。

第肆章

同样材质的反曲弓比直拉弓可以储存更多能量，射出的箭威力更强、效能更高。直拉弓虽然效率不及反曲弓，但却具有更好的稳定性。

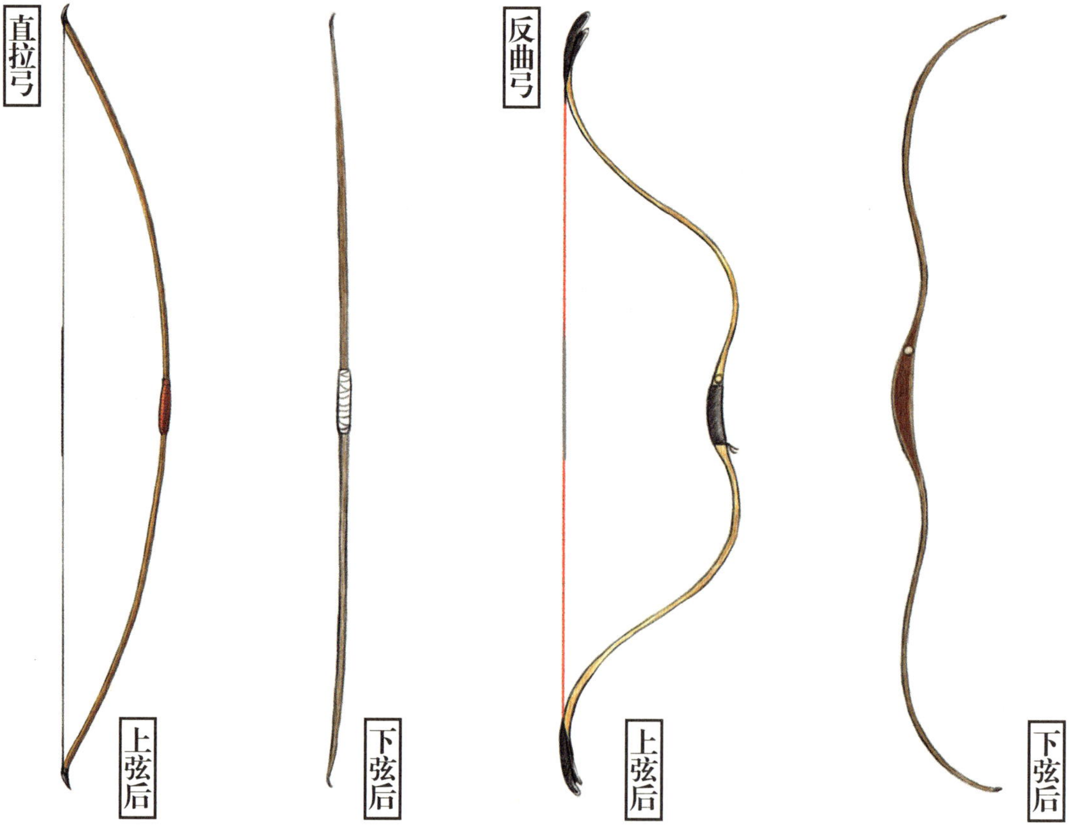

直拉弓

上弦后

下弦后

反曲弓

上弦后

下弦后

箭按照用途，可分为战争用箭、礼射用箭、狩猎用箭等。常见的战争用箭如𫓧箭、梅针箭、射马镞等。

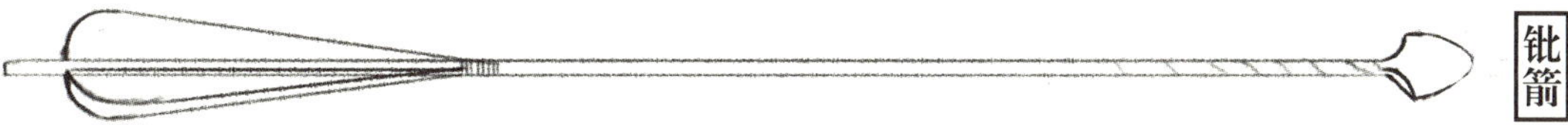

𫓧箭：箭头类似等腰多边形，头部后端宽大，可以给目标造成较大的伤口，主要用来射击无甲或防护较差的目标。

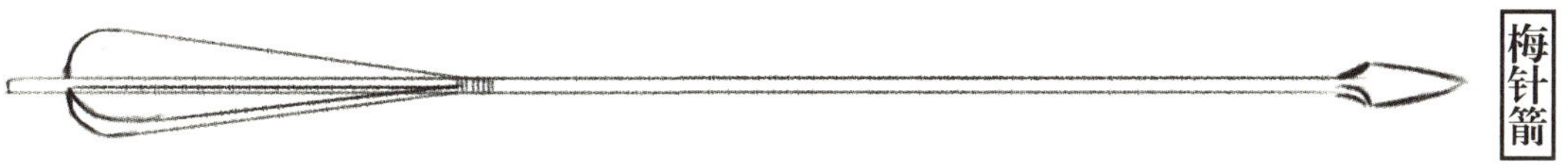

梅针箭：箭头窄小尖锐，形似矛头，箭杆较长。在战场上主要用于穿透重甲。

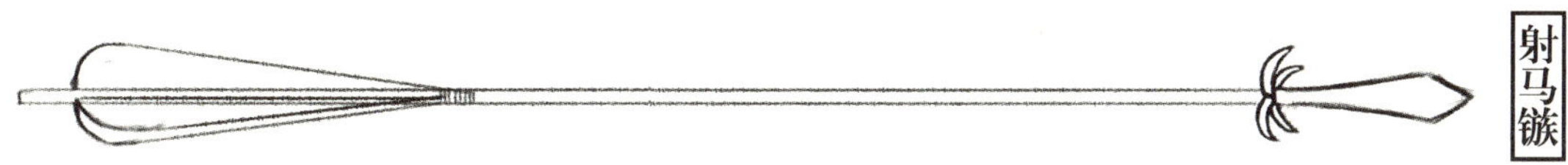

射马镞：箭头尖锐，头部后端有伸向四方的尖钉。在战场上主要用来射杀敌方马匹，如果箭镞掉在地上还可以成为伤害敌方马蹄的铁蒺藜，起到一物两用的效果。

pī
𫓧

zú
镞

jí
蒺

lí
藜

礼射用箭：箭头并不尖锐，而如铁棍或锤头一般。这类箭往往制作精美，主要用于习射或礼射，并不在战场上使用。

鸣镝箭

礼射用箭

鸣镝箭：箭头多为一个哨子，射出时会发出清亮的哨声，因此也称“哨箭”。这种箭多用于礼射或在战场上传递信号。有些鸣镝箭前端会加装箭头，用于狩猎，既能攻击猎物，又能起到警示作用。

dí
镝

除了战争用箭和礼射用箭，还有五花八门的狩猎用箭。这些箭的箭头有的形如月牙，有的形如铁铲，还有的呈铁叉形。清代《皇朝礼器图式》收录了各种狩猎用箭。也许是因为清朝统治者来源于渔猎民族的关系，狩猎用箭的分类特别详细，大到熊、虎，小到兔、鱼，均有专门的箭来狩猎。

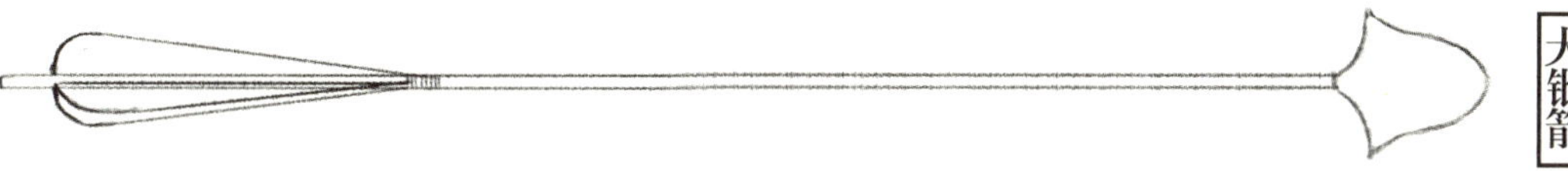

大钺箭：用于射杀虎、熊、牡鹿等大型动物。

燕尾钺箭：用于猎杀灌木丛中的野兽。

齐哨箭：箭头锈涩不磨，可猎诸兽。

在狩猎用箭中，义箭的箭头形状最为特别，均呈叉形，可能清代统治者认为『叉』这个字有些不雅，故用『义』字代替。

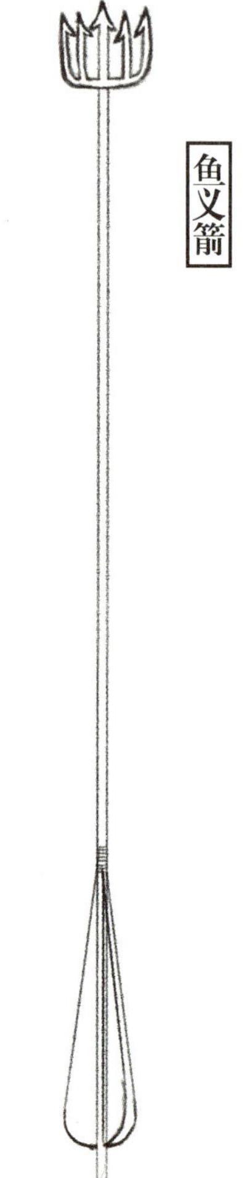

鱼义箭：用于猎鱼。

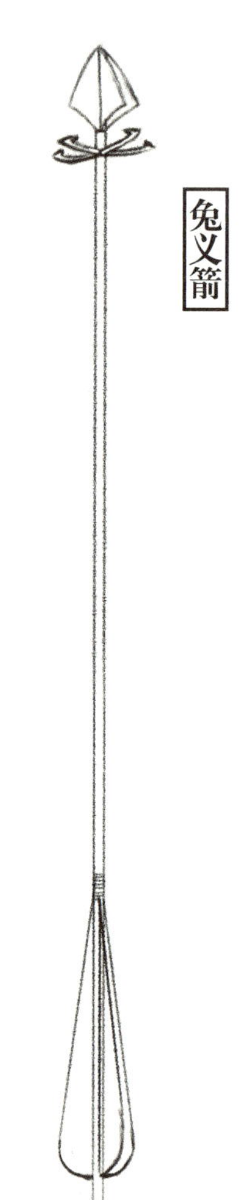

兔义箭：用于猎兔。

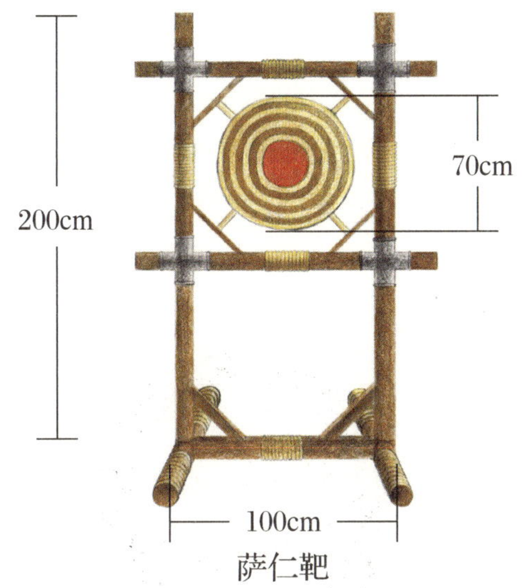

萨仁靶

萨仁靶作为我国非物质文化遗产中唯一的箭靶，2019 年首次出现在“李广杯”国际传统射箭锦标赛上。

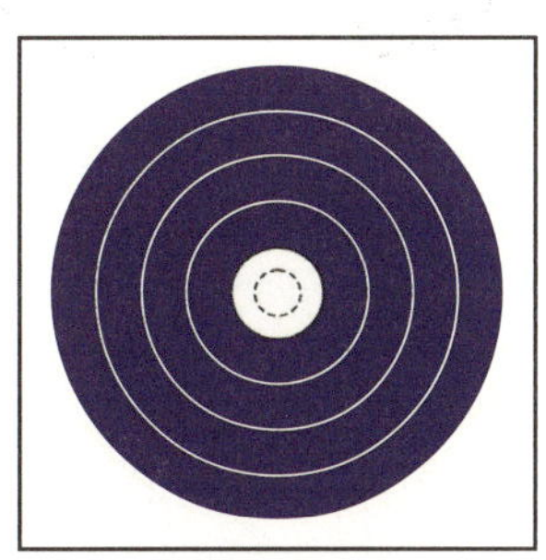

完美 300 靶纸

外围直径为 40cm，靶心直径为 8cm，环值从内到外依次为 X、5、4、3、2、1。因比赛时在室内 20 码（或 18 米）距离射 12 组，每组 5 支箭，60 箭的满环总成绩为 300 环的赛制而得名“完美 300”。

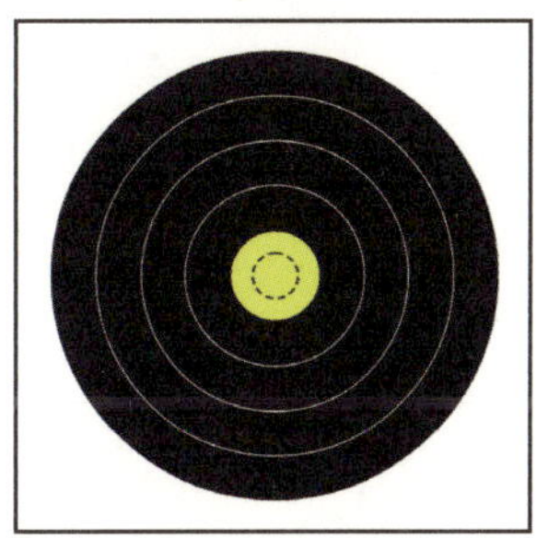

原野射箭靶纸

有 4 种规格：80cm、60cm、40cm、20cm。环值从内到外依次为 6、5、4、3、2、1，其型号分类依据最内环直径距离。

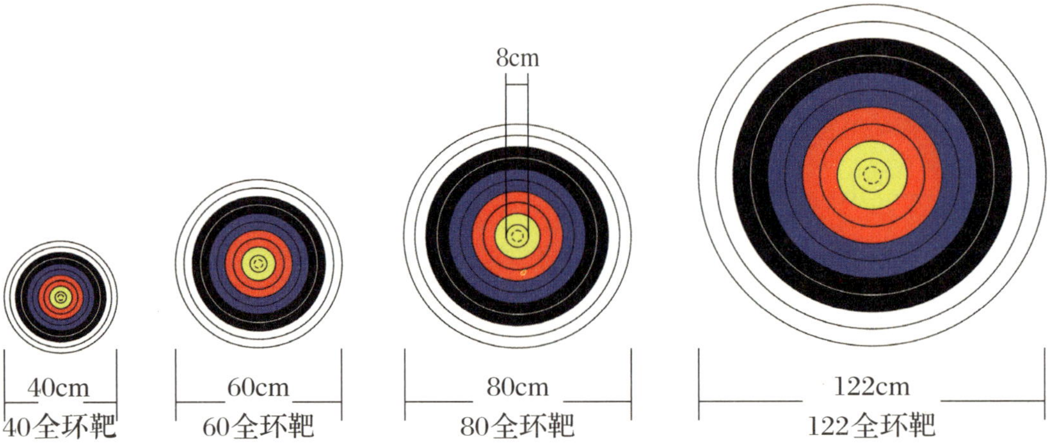

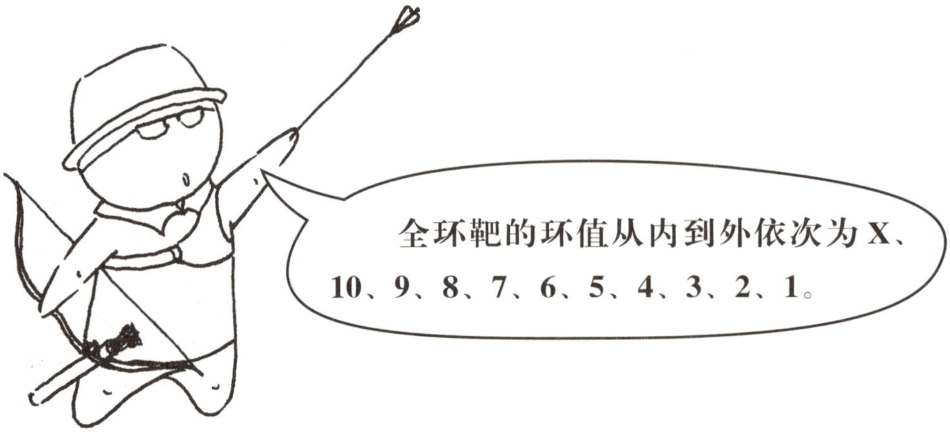

现代射箭运动发展初始，英国传统靶纸是没有颜色，只有环数的；而法国传统靶纸是没有环数，只有颜色的。两者结合之后，才有了现在的靶纸体系。

现代标准靶纸基本分为全环靶纸和半环靶纸两类。全环靶纸的颜色从靶心向外依次是黄、红、蓝、黑、白，每色各占两环；半环靶纸的颜色从靶心向外依次是黄、红、蓝，黄、红两色各占两环，蓝色占一环。不论是全环靶纸还是半环靶纸，每个环之间的间距相等，10 环直径就是靶纸的型号。

8cm

40cm 40全环靶

60cm 60全环靶

80cm 80全环靶

122cm 122全环靶

全环靶的环值从内到外依次为 X、10、9、8、7、6、5、4、3、2、1。

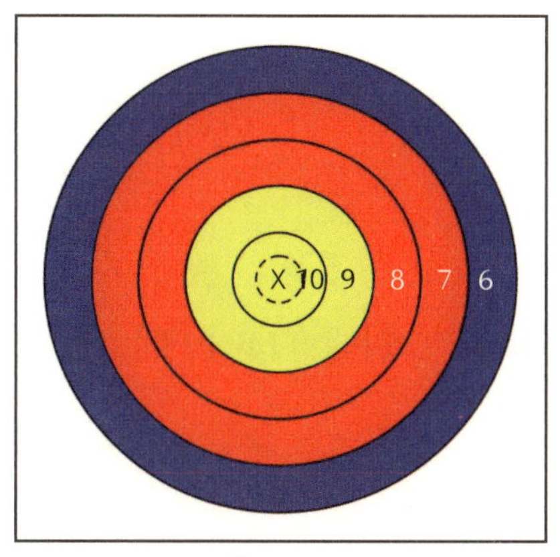

内五环靶（80 半环靶）

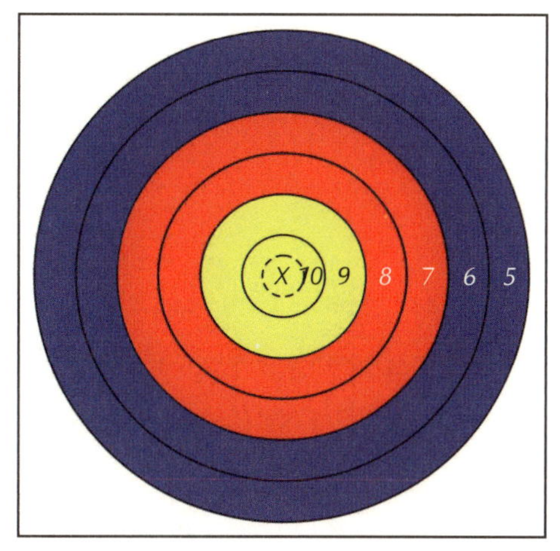

内六环靶（80 半环靶）

80 半环靶纸的外环直径为 40cm，10 环直径为 8cm。内五环靶环值从内到外依次为 X、10、9、8、7、6。内六环靶环值从内到外依次为 X、10、9、8、7、6、5。

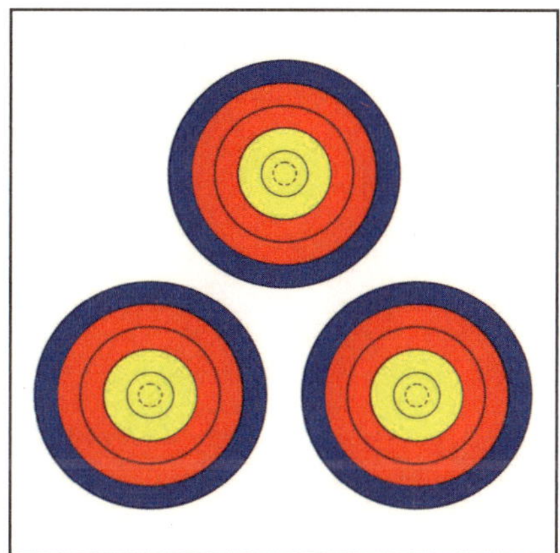

40 半环靶纸，又称 40 内五环，外环直径为 20cm，10 环直径为 4cm，环值从内到外依次为 X、10、9、8、7、6。由于此种型号的靶纸面积较小，通常做成品字形或者三联，俗称“品字靶”或“三联靶”，常用于反曲弓和复合弓的室内比赛。

箭靶最中心的环值 X，同样是按照十环计算环值，也有人将其称为内十环。根据不同的赛制，通常按照选手射中 X 的数量来判定环值相同的选手的成绩排名。

shè
韘

说文解字：『韘，射决也，所以拘弦。』现今出土最早的韘为商代晚期殷墟妇好墓中的一枚玉韘。

韘
（扳指的古称）

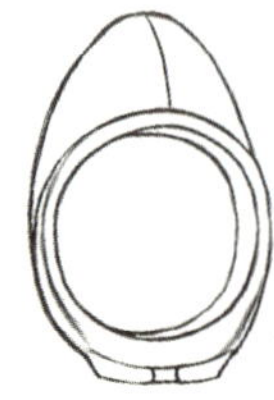

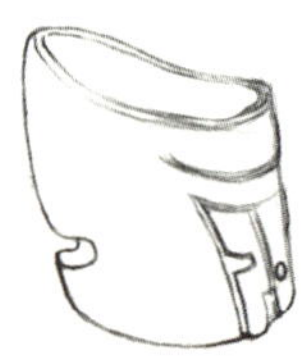

扳指：一种射箭护具，戴于拇指，可防止弓弦擦伤手指。扳指的常见材质很多，动物角、骨、皮和金属等多用于制作拉弓射箭的武扳指，而玉石、琥珀等多用于制作起装饰作用的文扳指。

护臂：材质一般为塑料、皮革等材料，主要用于防止手臂内侧被弓弦划伤。

护胸：材质一般为尼龙等复合材料，古代也有皮质或金属材料，一方面可以保护身体，免被弓弦刮伤；另一方面也有利于校正动作。

手套：材质一般为皮、布或化纤材料，主要用于保护手指。

箭囊：材质一般为皮革、金属、藤等材料，用于盛装箭支。

第伍章

和张仆射塞下曲·其二

这首边塞小诗主要写一位将军猎虎的故事，取材于西汉史学家司马迁记载名将李广事迹的李将军列传：『广出猎，见草中石，以为虎而射之，中石没镞，视之，石也。』

和张仆射塞下曲·其二

卢纶

林暗草惊风，将军夜引弓。
平明寻白羽，没在石棱中。

诗的前两句写事件的发生：深夜，山林里一片昏暗，一阵疾风刮过，树木野草发出“沙沙”的声响，将军以为野兽来了，连忙拉满弓一箭射出。

后两句写事件的结果：第二天清晨，将军记起昨晚林间的事，顺原路来到现场，不禁大吃一惊，明亮的晨光中，分明看见被他射中的原来不是老虎，而是一块巨石，那支白羽箭竟深深射进石棱里去了！

前出塞九首·其六

杜甫

挽弓当挽强，用箭当用长。
射人先射马，擒贼先擒王。
杀人亦有限，列国自有疆。
苟能制侵陵，岂在多杀伤。

释义：拉弓要拉最强力的，射箭要射最长的。射人要先射马，擒贼要先擒住他们的首领。杀人要有限制，各个国家都有边界。只要能够制止敌人的侵犯就可以了，难道打仗就是为了多杀人吗？

典故

纪昌学射

有个叫纪昌的人，想学习射箭，就去向射箭能手飞卫请教。飞卫对纪昌说："想要学射箭，首先应该下功夫练眼力，要牢牢地盯住一个目标，不能眨眼！"

纪昌回家后，开始练习起来。当妻子织布的时候，他躺在织布机下面，睁大眼睛，死死盯住织布的梭子。两年以后，就算锋利的梭尖要刺到眼角了，他的眼睛也不眨一下。

纪昌对自己很满意，以为练得差不多了，就再次去拜见飞卫。飞卫对他说："你的眼力还不够。要练到把极小的东西看得很大，把模糊的东西看得很清楚，那时候再来见我。"

纪昌又开始刻苦练习起来。他用一根牛尾毛拴住一只虱子，把它吊在窗口，每天聚精会神地盯着它。那只小虱子，在纪昌的眼里一天天大起来，练到后来，竟然大得像车轮一样。

纪昌赶紧跑到飞卫那里，报告了这个好消息。飞卫高兴地说："你就要成功了！"于是，飞卫开始教他怎样开弓、怎样放箭。

后来，纪昌成了百发百中的射箭能手。

纪昌学射的故事出自《列子·汤问》，这里的译文摘编自人教版四年级语文下册。

辕门射戟

袁术派大将纪灵率军攻打刘备，并给吕布送去粮草和密信，要他助自己一臂之力。刘备得知袁术派兵前来，连忙写信向吕布求助。吕布收了袁术的粮草，又收了刘备的求援信，与谋士商议后，觉得一旦袁术获胜，自己很是危险。于是权衡利弊后，吕布决定援救刘备。

于是，吕布摆下一桌宴席宴请刘备和纪灵。席间吕布说："我天性不喜欢争斗，只喜欢调解纠纷。"于是命人把戟插到辕门外一百五十步的地方，说："如果我射中这支戟，两家罢兵；不中，各自为之。"结果吕布一箭射中戟，免了一场厮杀。

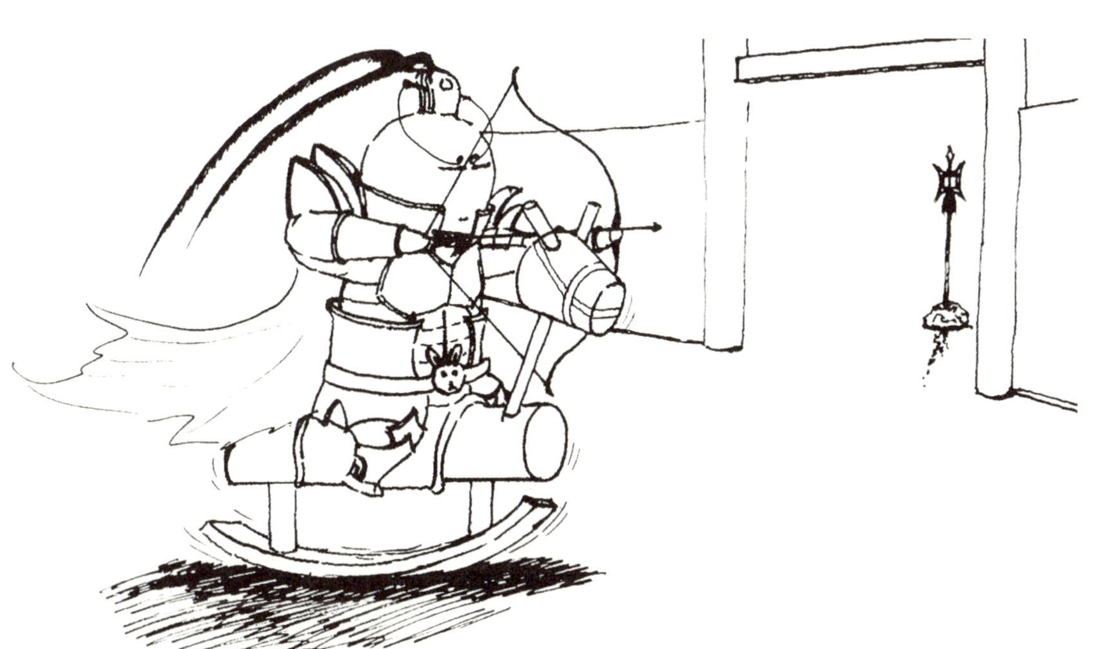

jǐ
戟

辕门射戟，最早出自《三国志·吕布传》，后来明朝小说家罗贯中将这个典故改编成《三国演义》中脍炙人口的『吕奉先射戟辕门』。

草船借箭

周瑜妒忌诸葛亮的才干，借与曹军交战之际，故意提出要诸葛亮在十天内造十万支箭，诸葛亮欣然应允，并许诺只要三天即可。

诸葛亮从鲁肃处借来二十条船，每船三十名军士，布置一番后，趁着大雾弥漫，将船驶向对岸。靠近曹军水寨后，船上的军士擂鼓呐喊。曹操不明所以，派弓箭手向江中放箭。

待船上的靶子插满了箭，军士们调转船头，满载十万支箭顺风返回。诸葛亮凭借自己的聪明才智成功化解了危机。

历史上，草船借箭的真正主人公是孙权。据魏略记载：『权乘大船来观军，公使弓弩乱发，箭着其船，船偏重将覆，权因回船，复以一面受箭，箭均船平，乃还。』

杯弓蛇影，出自《风俗通义·怪神》。乐广曾有一位密友，但很久不来他家做客。一日乐广遇到他，问其原因，朋友回答说："上次在你家做客，承蒙你请我喝酒，端起酒杯刚要喝时，却看见杯中有一条蛇，我非常害怕，喝了那杯酒后，就得了重病。"乐广想起当时朋友身旁的墙壁上挂着一张弓，他猜想杯中的"蛇"是弓的影子。于是，他再次请朋友在原来的地方饮酒，并对朋友说："在酒杯中看见了什么？"朋友回答说："看到的跟上次一样。"于是，乐广告诉他其中的原因，朋友心情豁然开朗，重病顿时好了。后来多用杯弓蛇影形容因疑虑不解而妄自惊慌。

百步穿杨

百步穿杨，出自《战国策·西周策》。春秋时楚国有一个名叫养由基的人，擅长射箭。他距离柳树一百步放箭射击，每箭都能射中柳叶的中心，百发百中，见过的人都赞叹不已。后来多用百步穿杨形容射术非常高明。

现代竞技和娱乐所使用的弓一般能够蓄力15—70磅（英制单位，1磅=0.45公斤），尤以20—40磅的弓较为常见。

收藏在故宫博物院的清朝乾隆皇帝御用弓，标注“七力”，即弓拉到一定程度后可储存70斤的能量，杀伤力十分可观，可射杀大型猎物或对披甲目标造成有效杀伤。

（唐代至清代1力≈10斤
1斤≈596克）

一箭双雕，指射箭技术高超，一箭射中两只雕，后来比喻做一件事情，可以同时达到两个目的。

弓折刀尽，指弓折断了，刀也没了，比喻战斗力没有了，无法可想，无计可施。

一箭双雕，出自北史·长孙晟传：『尝有二雕飞而争肉，因以箭两只与晟，请射取之。晟驰往，遇雕相攫，遂一发双贯焉。』

弓折刀尽，出自宋·释道原景德传灯录：『今日拟打罗山寨，弓折刀尽。』

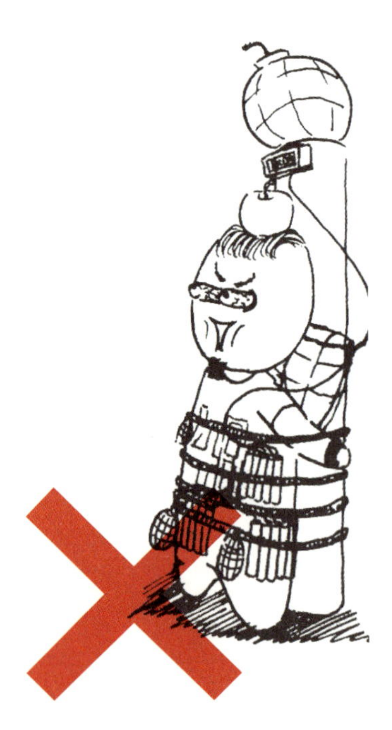

如今，射箭运动已经成了一项体育竞技项目，既可以锻炼体魄，也可以培养意志，还可以陶冶情操、弘扬传统文化。我们不应追求弓箭的杀伤力，更不得使用弓箭进行非法狩猎、伤人等危险活动。